AF370185

26 mars 1900

V

VENTE APRÈS DÉCÈS

HÔTEL DES VENTES, RUE DROUOT, N° 9

SALLE N° 3

Les Lundi 26, Mardi 27, et Mercredi 28 Mars 1900

A 2 heures

MEUBLES ANCIENS

Tableaux, Marbres, Bronzes

Éventails, Objets de vitrine

Bijoux ornés de brillants, argenterie et plaqué

Porcelaines et Faïences anciennes

Importante Collection

DE BISCUITS DE WEDGWOOD

. MEUBLES ET OBJETS DIVERS

M^e CH. BAILLY	**M. B. LASQUIN**
COMMISSAIRE-PRISEUR	EXPERT
2, rue Rossini, 2	12, rue Laffitte, 12

Chez lesquels se trouve la présente Notice

EXPOSITION PUBLIQUE

LE DIMANCHE 25 MARS 1900

DE 1 H. 1/2 A 5 H. 1/2

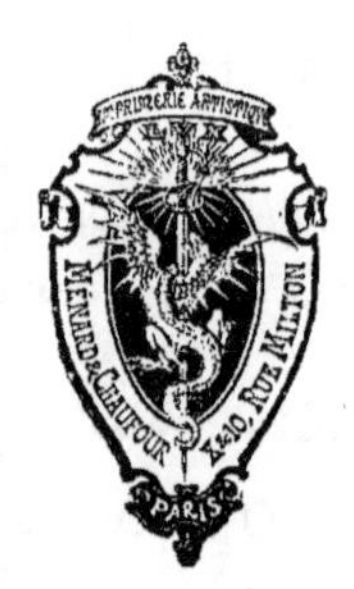

HOTEL DES VENTES, RUE DROUOT, N° 9

SALLE N° 3

Les Lundi 26, Mardi 27, et Mercredi 28 Mars 1900

À 2 heures

MEUBLES ANCIENS

Tableaux, Marbres, Bronzes
Éventails, Objets de vitrine
Bijoux ornés de brillants, argenterie et plaqué
Porcelaines et Faïences anciennes

Importante Collection

DE BISCUITS DE WEDGWOOD

MEUBLES ET OBJETS DIVERS

M° CH. BAILLY

COMMISSAIRE-PRISEUR

2, rue Rossini, 2

M. B. LASQUIN

EXPERT

12, rue Lafitte, 12

Chez lesquels se trouve la présente Notice

EXPOSITION PUBLIQUE

LE DIMANCHE 25 MARS 1900

DE 1 H. 1/2 A 5 H. 1 2

Imprimerie Ménard et Chaufour, 8-10, rue Milton — PARIS

DÉSIGNATION SOMMAIRE

BIJOUX

1 — Paire de boucles d'oreilles en brillants.

2 — Rivière en brillants.

3 — Paire de girandoles en brillants.

4 — Broche en brillants.

5 — Parure composée de boucles d'oreilles, et d'une broche en opales et brillants.

6 — Divers bracelets en or.

7 — Environ vingt bagues anciennes et modernes.

8 — Plusieurs parures et broches anciennes.

ARGENTERIE ET PLAQUÉ

9 — Théières, cafetières, réchauds en argent et en plaqué.

10 — Couverts en argent et en ruolz.

EVENTAILS

11 — Trois petits éventails Empire.

12 — Éventail monture chinoise en ivoire sculpté.

13 — Petit éventail Empire, en écaille.

14 — Deux éventails chinois laqués, et en ivoire sculpté.

15 — Eventail Louis XVI, monture en ivoire, feuille en soie peinte à la gouache et ornée de paillettes.

16 — Éventails divers, anciens et modernes.

IMPORTANTE COLLECTION
DE BISCUITS DE WEDGWOOD

Environ deux cents pièces en ancien biscuit
de Wedgwood, vases, médaillons, jardinière,
cache-pôt, service, pièces de cabaret, flambeaux,
coupes, dont :

17 — Deux grands vases ovoïdes ornés de guirlandes
retenues par des mascarons en blanc sur fond
bleu et de trois médaillons, bas-reliefs, sujets de
figures sur fond jaune, socles ornés de bas-reliefs
à sujets de figures et de feuilles de lauriers.

18 — Bas-relief. Époque Louis XVI.

19 — Deux cache-pots fond bleu à guirlandes de
pampres, figures antiques et mascarons.

20 — Grande coupe ronde à deux anses surélevées,
fond bleu avec cartouches et sujets de figures sur
le bord.

21 — Deux petits vases à deux anses de forme
antique, fond bleu avec deux sujets mythologiques.

22 — Petite jardinière Louis XV, bleu clair à
médaillons et ornements en blanc.

23 — Tasse et son présentoire fond bleu tendre ornée de guirlandes et de sujets de nymphes et amours.

24 — Deux pots et deux socles carrés à bas-reliefs. nymphes, amours et médaillons antiques.

25 — Paire de petits flambeaux. Époque Louis XVI, décorés de sujets de figures et rinceaux en blanc, sur fond bleu.

26 — Cabaret tête-à-tête se composant de deux tasses. un bol, une théière, un crèmier, un sucrier. à décors de guirlandes de lierre et de petits médaillons de figures en vert et mauve sur fond blanc (pièces rares).

27 — Petite théière décorée d'un damier en bleu et blanc, avec fleurons en vert.

28 — Sept pièces mignonnettes, tasses, petite théière, crèmier, sucrier à décors de figures sur fond bleu.

29 — Deux cornets à deux petites anses, décorés de palmettes et sujets de figures.

3o — Une petite boîte ronde à couvercle décorée de médaillons de figures.

31 — Autre boîte ronde à couvercle bombé.

32 — Deux petites bouteilles bleu tendre à bas-
relief.

33 — Petit brûle-parfums à quatre médaillons,
décoré de nymphes et amours.

34 — Divers petits médaillons pour bijoux, appliques de tabatière, boîtes, petits médaillons bustes,
tasses et vases.

35 — Grand vase décoré de sujets de sacrifices à
l'Amour, avec guirlandes de fleurs et pampres.

36 — Petit vase ovoïde, bleu tendre orné de rondes
de nymphes, à palmettes et mascarons.

37 — Petit cache-pot à quatre médaillons de
figures.

38 — Théière cylindrique décorée de figures de
nymphes et amours.

39 — Petit médaillon représentant l'autel de Cérès
et daté 1789.

40 — Cabaret à sujets en blanc sur fond noir.

41 — Deux pots à lait dont l'un avec couvercle sur-
monté d'une figure, l'autre avec un couvercle en
étain.

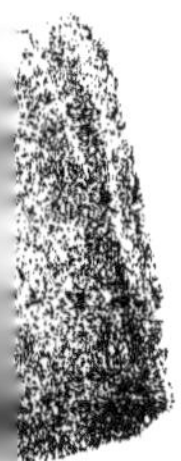

42 — Un petit brûle-parfum à trépied, formé d'un dauphin.

43 — Boîte à biscuit à une anse surélevée, à couvercle orné de six sujets à figures.

44 — Bol à quatre sujets de figures.

45 — Petit cachepot et son plateau avec guirlandes de pampres.

46 — Deux vases à fleurs de forme conique, décorés de l'autel de l'Amour.

47 — Deux cadres contenant de petits médaillons à sujets très fins de figures, de fleurs, d'ornements et divers attributs (contenant 29 pièces). Pourra être divisé.

BISCUITS DIVERS

48 — Groupes et figurines, Louis XVI et Empire.

49 — Bas relief jeu d'amours autour d'un autel, en blanc sur fond bleu. Sèvres.

5o — Huit médaillons à sujets de figures dont cinq ovales et trois ronds. Sèvres.

FAIENCES ET PORCELAINES

51 — Cinq assiettes en ancienne faïence de Castelli, bordures à ramages avec figures d'amours et sujets mythologiques.

52 — Deux théières hexagonales en vieux Chine, réticulées à jours.

53 — Coupe en porcelaine de Canton, monture en bronze.

54 — Grand vase en faïence italienne.

55 — Garniture de vases en faïence artistique.

56 — Deux vases porte-fleurs, de forme octogonale, en porcelaine de la Compagnie des Indes.

57 — Surtout de table composé de trois pièces en faïence, genre Palissy.

58 — Deux vases et deux consoles appliques, genre Palissy.

TABLEAUX ET PASTELS

59 — DETOUCHES. *Scène du Mariage de Figaro.* Exquisse du grand tableau du musée du Louvre.

60 — GREUZE (d'après). *Deux têtes de jeunes filles.* Pastels.

61 — SANTERRE. *Jeune fille assise tenant un masque.* Robe de velours noir, ornée de rubans roses, collerette et collier de perles.

62 — PRUDHON (d'après). Dessins rehaussés.

63 — RAPHAEL (d'après). Deux copies anciennes : *La Sainte Famille de la Belle Jardinière.*

64 — X... *Raisin et pêches.* Pastel.

65 — Gouache de l'époque Louis XIV : *L'Atelier d'Apelle.* Cadre ancien en bois sculpté.

BRONZES, CUIVRES ET DIVERS

66 — Deux flambeaux cassolettes, montés sur vases de forme Médicis, bronze ciselé et doré Empire.

67 — Deux petits flambeaux avec figurines en porcelaine de Saxe sur terrasses de bronze, avec tiges
et feuillages garnis de fleurettes.

68 — Petit brûle-parfum sur trépied en bronze de
style Empire, avec médaillon de Wedgwood sur la
base.

69 — Divers petits bronzes.

70 — Pendule Louis XVI en forme de temple à
quatre colonnes en marbre blanc et bronze doré.

71 — Pendule en albâtre avec figure : La Poésie,
en bronze doré.

72 — Deux girandoles en bronze, garnies de cristaux.

73 — Galerie de foyer Louis XVI.

74 — Deux lampes avec supports Empire à figures
d'amours.

75 — Garniture de cheminée de style gothique de
l'époque de la Restauration.

76 — Jardinière, cafetières, fontaine, vase à fleurs,
flambeaux, objets divers en cuivre.

77 — Statuette de Flore en marbre.

78 — Cadre ovale Louis XIII en bois sculpté et doré. avec pastel.

MEUBLES

79 — Petit bureau Louis XVI en acajou, garni de filets de cuivre.

80 — Vitrine Louis XVI en acajou à filets de cuivre.

81 — Petite table Louis XVI forme rognon, à cannelures de cuivre.

82 — Grande vitrine italienne en bois noir incrusté d'ivoire, ornée de colonnettes à chapiteaux et surmontée d'un fronton.

83 — Petit bureau de dame Louis XVI, ouvrant à abattant, en acajou, avec garniture de cuivre, dessus de marbre.

84 — Deux fauteuils et quatre chaises Louis XVI, à dossier ovale en bois sculpté, à nœuds de rubans, garnis de canne.

85 — Bergère et un fauteuil Louis XVI, garnis en soie.

86 — Meuble d'entre-deux en bois de rose et marqueterie, garni de bronzes.

87 — Support italien à trépied, en bois sculpté.

88 — Pied de flambeau Louis XIII, en bois sculpté.

89 — Petit meuble de cabinet incrusté de nacre.

90 — Étagère et une table gigogne laquées.

91 — Table-liseuse, en bois noir.

92 — Divers écrans en broderie, verre peint à paysages, etc.

93 — Bureau de dame bois de rose garni de bronzes.

94 — Ameublement de salon de neuf pièces, bois de palissandre garni de tapisserie d'Aubusson à fleurs.

95 — Deux rideaux, un lambrequin et deux pentes en Aubusson.

96 — Grand tapis d'Aubusson.

97 — Meuble d'entre-deux, bois noir, marqueterie de cuivre, à moulures en bronze.

98 — Console en bois sculpté et surmontée d'une étagère avec glace.

99 — Table jardinière bois de rose et marqueterie.

100 — Glace dans un cadre sculpté Louis XIV.

101 — Meuble de chambre à coucher en bois marqueté, composé d'une armoire à glace, une table de nuit, un lit et un secrétaire.

102 — Chambre à coucher Empire, lit à colonnes garni de bronzes, une armoire à glace, une table de nuit, un secrétaire à fond de glace, une table à ouvrage.

103 — Petite vitrine Louis XV en marqueterie de bois de rose à damier, garni de bronzes.

104 — Objets omis.